ÉLOGE FUNÈBRE

DE

S. G. Monseigneur LATIEULE

Évêque de Vannes

PRONONCÉ PAR

Monseigneur Adolphe DUPARC

Évêque de Quimper & de Léon

Le Mardi 20 Octobre 1908

dans la Cathédrale de Vannes.

QUIMPER

TYP. ARSÈNE DE KERANGAL, IMPR. DE L'ÉVÊCHÉ

1908

ÉLOGE FUNÈBRE

DE

S. G. Monseigneur LATIEULE

Évêque de Vannes

PRONONCÉ PAR

Monseigneur Adolphe DUPARC

Évêque de Quimper & de Léon

Le Mardi 20 Octobre 1908

dans la Cathédrale de Vannes.

QUIMPER

TYP. ARSÈNE DE KERANGAL, IMPR. DE L'ÉVÊCHÉ

1908

Hic est fratrum amator et populi.
(II Mach., xv, 14.)

Messeigneurs, (1)
Mes Frères,

I. — Le monument que nous inaugurons ce matin est celui d'un homme de cœur, qui fut un saint évêque.

Le bon Monseigneur Laticule avait traduit son âme dans sa devise. Il se sentait créé pour aimer ses frères et son peuple.

C'est la condition même du succès dans tout ministère qui veut atteindre les âmes. Si vous ne les recherchez pas d'un mouvement du cœur, elles finiront toujours par vous échapper. Ni l'autorité de la fonction, ni la supériorité du génie, ni l'élan même d'un zèle infatigable, ne vous assureront la maîtrise des consciences. Si la divinité de Jésus n'avait été qu'une divinité de miracle, d'austérité, de doctrine, jamais il n'aurait converti un pécheur ni conquis la pauvre humanité. Mais elle a été une divinité d'amour. Il a aimé le monde jusqu'au scandale ; c'est par là qu'il l'a sauvé.

Notre action a le même principe et suit la même loi. Nous sauvons les âmes dans la mesure où nous les aimons. C'est pourquoi Dieu, quand un prêtre a le cœur naturel-

(1) Mgr l'Archevêque de Rennes, les Évêques de Vannes, Saint-Brieuc, Nantes, et Mgr Guillois, archevêque de Pessinonte.

*

lement bon, le rend meilleur encore et plus large par la vocation sacerdotale. C'est ce que nous avons vu dans la vie de Mgr Amédée-Jean-Baptiste Latieule, évêque de Vannes, pendant les cinq ans qu'il a vécus parmi nous. Vous le rappeliez d'une manière très touchante en annonçant ce service, Monseigneur, — et Messieurs les Vicaires capitulaires nous l'avaient écrit eux-mêmes en termes émus, au lendemain de sa mort, avec autant de vérité que de charme.

II. — Personne n'a oublié son entrée heureuse dans ce diocèse. Nous étions certes pleins de regrets pour l'Évêque, fils du pays de Vannes, qui, avant lui, pendant plus de trente ans, avait gouverné nos âmes paternellement et prudemment, fondé tant d'écoles, soutenu tant d'œuvres, rebâti Sainte-Anne, transformé les Carmes de Ploërmel, maintenu dans les rangs des fidèles et du clergé une union féconde en entreprises de zèle, bénit tant d'églises élevées avec son concours, et secouru tant de détresses secrètes. Le souvenir de cet épiscopat ne s'effacera pas de nos mémoires. On pourra briser le marbre artistique qui a exprimé nos sentiments. La fidélité des cœurs vannetais n'en sera pas atteinte.

Mais notre affection reconnaissante pour Mgr Bécel ne nous empêchait pas d'attendre avec une pieuse impatience son successeur. Il nous arrivait précédé d'une de ces réputations de cordiale bienveillance qui suffisent souvent à aplanir sous les pas d'un homme toutes les difficultés. Il était populaire avant même d'être connu. Son entrée dans la ville épiscopale fut un triomphe.

Il est vrai, Messeigneurs, tous les évêques sont reçus en triomphe. La foi des fidèles nous ménage cette consolation, qui est aussi une force, à l'heure où va s'ouvrir pour nous la carrière des responsabilités lourdes. Vous en avez fait vous-mêmes l'expérience.

Vous avouerez pourtant avec moi que, au sein de Votre triomphe, vous saisissiez dans les regards, dans les paroles, je ne sais quoi de belliqueux et de grave, et tout au fond des âmes des notes grondantes de colère contenue, qui témoignaient à la fois des inquiétudes présentes, des résolutions de bon combat, de la confiance entière dans le chef envoyé par Dieu, et de la forme nouvelle imposée par le malheur des temps à notre ministère antique. Nous sommes des hommes de paix, et nous arrivions presque comme des hommes de guerre, privés de la demeure traditionnelle, occupants sans titre dans nos cathédrales, surveillés avec défiance par les pouvoirs publics, et forts seulement de la volonté du Pape et de l'ardente affection des fidèles et du clergé.

Autrefois, — notre vénéré Métropolitain et le Pontife qui célèbre aujourd'hui la messe funèbre peuvent s'en souvenir, — ces solennités revêtaient encore un caractère tout souriant et joyeux. L'assaut contre l'Église était depuis longtemps ouvert. Mais les lois de mort et de spoliation n'étaient ni votées ni même proposées. Il y avait dans l'air quelques espérances de paix. Les populations le croyaient. Nous nous faisions tous un peu cette illusion. Et, quand la famille diocésaine, Chapitre en tête, tout le clergé chantant et priant, la foule immense roulant ses vagues dans les rues trop étroites, venait au son des cloches prendre au seuil de la cité le père attendu et aimé, pour le conduire à sa cathédrale, je ne sais quel souvenir du jour des Rameaux planait sur la cérémonie, et l'on eût pu rêver que la carrière de l'Évêque se poursuivrait ainsi dans le calme d'une action réglée et féconde, sans violence, sans échecs, sans déchirement du cœur et sans déception de l'âme.

Ainsi fut reçu Mgr Latieule. J'ai la scène dans les yeux. Sa main bénissait. Les fronts se courbaient. Ils se relevaient rapides pour voir de plus près ce visage épanoui que les visites pastorales devaient plus tard rendre familier à toutes les paroisses. La note de son coup d'œil et de son sourire était déjà l'indulgence. Dans la vie publique comme dans la vie intime, il avait l'abord plus paternel que princier, et le contact avec le peuple ne changeait rien à son allure. Il fut tel dès le premier jour. Son âme révélée dans ses traits conquit aisément un pays gagné d'avance. L'impression lorientaise ne fut pas autre que celle de Vannes. Toutes nos villes et nos campagnes en pourraient dire autant. C'était le cri des milliers de fidèles accourus pour souhaiter une filiale bienvenue au pasteur montagnard envoyé par Dieu vers l'Atlantique breton. Le soir de ce triomphe, il n'y avait pas, sur le compte de l'Évêque, dans le département, une voix discordante.

III. — Disons-le tout de suite, la paix du premier jour ne dura pas longtemps. Tandis que se fortifiait en nous le sentiment de confiance dans notre chef, le plan de campagne maçonnique s'exécutant peu à peu domestiquait à la longue la nation qui avait cru marcher vers la liberté. Et ce n'était pas trop de l'union parfaite du père et des enfants pour garder dans l'orage commençant l'honneur de l'Église et la vie des œuvres.

Nous avons du premier coup senti qu'il était homme à circonscrire la lutte et à la placer sur son vrai terrain, celui de la religion.

Il nous aimait en effet parce qu'il aimait Dieu. C'est Dieu qu'il voulait sauver en nous. L'ordre humain des choses attirait sans doute son attention. Il ne refusait pas aux pouvoirs du temps son devoir. Mais c'est dans l'ordre surnaturel que vivait sa pensée, et son apostolat au milieu de nous dérivait de la même source. Il y rapportait toute son action épiscopale, aussi bien que celle des prêtres d'élite qu'il avait choisis dans ce diocèse comme auxiliaires et comme conseillers. Selon la formule de l'Évangile, le règne divin était son programme. Il recherchait tout ce qui pouvait y tendre. Il combattait tout ce qui aurait pu lui nuire. C'est la façon sacerdotale d'aimer les peuples en sanctifiant les âmes. — Assurément, il n'eût voulu négliger aucune des œuvres contemporaines qui ont pour but une organisation plus charitable et plus juste de l'humanité. Mais il allait d'abord à l'essentiel, c'est-à-dire à ce qui touche le ministère surnaturel du prêtre. Peut-être même, pourquoi ne pas le dire ? eût-il hésité, par suite d'une légère défiance, à entrer dans les voies où nous marchons aujourd'hui. Il eût béni, je pense, des congrès pratiques comme les nôtres. Pourtant, l'expérience n'étant pas encore suffisamment faite, il avait quelques préventions contre certaines assemblées de paroles plutôt que d'œuvres, qui, au lieu de servir comme aujourd'hui docilement l'Église et de suivre pieusement ses directions, avaient parfois une sorte de tendance à la gouverner en y introduisant des idées qui n'étaient neuves que par la part d'erreur qu'elles renfermaient. Mais le spectacle donné en ce moment par votre parlement d'action catholique aurait suffi à le réconcilier avec cette stratégie nouvelle, sur laquelle il doit maintenant du haut du ciel appeler les bénédictions divines. Car il aimait ardemment Dieu dans les âmes. Or, tout le mouvement qui entraîne les catholiques aux congrès et aux œuvres est un mouvement d'amour de Dieu, comme le mouvement qui prétend les entraver dans l'usage de leurs droits est fait tout entier de haine contre Dieu.

Oui, la haine de Dieu.

On a dit des initiateurs de cette campagne de haine déicide en 89 et 93 que l'histoire n'avait pas connu de plus habiles artisans de ruines. On se trompait. Les héritiers actuels de leur programme sont plus habiles, parce qu'ils sont en apparence moins violents. Ils règlent mieux leurs étapes pour atteindre plus sûrement le terme de l'évolution rationaliste et athée. Ils n'édifieront rien de durable. Car, comme ils sont la haine, et que la haine n'est jamais créatrice, ils ne peuvent que détruire. Mais qu'ils sont habiles à détruire la vie de Dieu dans les âmes ! Les autres destructions ne comptent guère. Vous nous ferez bien l'honneur de croire que les ruines matérielles ont pu nous arracher des protestations, parce que la justice l'exigeait, mais pas une larme. Ce qui nous blesse au cœur, c'est le hideux travail contre l'idée de Dieu.

L'amour de l'Évêque le plus pacifique devient alors un amour militant pour Dieu et pour son peuple. Des âmes lui ont été confiées. Dieu vivait en elles. Qu'est devenu ce Dieu vivant ?

Il le cherche dans l'âme de l'enfant, dans l'âme du père et de la mère, dans l'âme du prêtre qui en est le gardien.

IV. — Dans l'âme de l'enfant. Ah ! si nous sommes francs, nous commençons à trembler. Ces enfants, dont Mgr Latieule, dans sa lettre de joyeux avènement, avait salué d'un cœur si paternel les maîtres chrétiens, et dont il nous recommandait aussi de traiter avec bonté les maîtres laïques, il les sent bientôt menacés par le flot d'incrédulité qui monte. Alors il s'émeut. Il parle en juge autant qu'en père. Il formule d'avance cette loi de salut que l'épiscopat français vient de préciser : L'école chrétienne, voilà la règle ; ou, s'il y a une sorte de nécessité de recourir à l'école publique, veillez sur la neutralité ; et, si la neutralité est violée, fuyez l'école comme la peste.

Mais, plus vite que nous, les événements marchent. Deux ministères de persécution se succèdent au pouvoir. Le premier fait voter la loi qui tuera les congrégations religieuses. Le deuxième l'applique à outrance. Presque toutes nos écoles sont menacées en même temps. Nos populations se lèvent, prêtes aux sacrifices sanglants. Pour nous modérer, il faut toute l'autorité de l'Évêque. Ce n'est pas qu'il ait peur ; mais dans une crise tragique, un cœur de père est toujours assiégé de terribles angoisses. Il s'émeut pour l'armée qu'il aime tant. Il s'émeut pour son peuple qui sera victime. Il conseille la résignation. Il entoure d'une affection paternelle les religieux et les religieuses déracinés par la loi de malheur. Il fait appel à de nouveaux dévouements. Les hommes qu'on vit toujours les premiers à l'œuvre pour l'organisation de l'enseignement libre, suivant une fois de plus les traditions léguées par ce grand chrétien qui dort son sommeil de soldat du Christ auprès de Sainte-Anne d'Auray, s'animent à l'entreprise. Ils parcourent le pays. Ils recrutent un personnel compétent et résolu. Les écoles libres se rouvrent, et l'enfance de nos campagnes et de nos villes pourra encore, malgré les difficultés croissantes, apprendre, à l'ombre de la croix, à connaître Dieu, à l'aimer et à le servir. L'Évêque porte très profond dans son cœur ce souci de l'éducation chrétienne. Il le répète sur tous les tons aux familles. Il demande au clergé de multiplier les catéchismes, de les commencer dès la petite enfance, de les prolonger dans l'adolescence, d'en varier la forme, d'en renouveler le ton, de les mêler aux patronages comme à la vie du foyer domestique, et de ne laisser dans l'enfance et la jeunesse aucune heure libre pour les tentations de l'ignorance et du vice. Si les jeunes âmes de ce diocèse croyant ont pu jamais être en danger de se flétrir ou de mourir, ce ne sera pas de sa faute.

Il a tout fait pour développer en elles la vie de Dieu. Pères et mères de famille, voilà comment il faut aimer vos enfants.

V. — Cependant, pour bien dire ici la vérité, malgré sa préoccupation des œuvres scolaires, sans lesquelles tout le reste est compromis, il faut reconnaître qu'il aima plus encore les œuvres immédiatement paroissiales. Y a-t-il quelque population mal partagée au point de vue du service religieux, quelque centre de culte à fonder ? Il est près à faire l'acte d'autorité nécessaire. Il contribuera sans compter à la fondation. Il a préparé, Monseigneur, l'œuvre que vous avez su si promptement accomplir à Caudan avec le concours d'un recteur désintéressé. Y a-t-il une population endormie ? Il veut qu'on la réveille par une mission. Sent-il le besoin d'attiser dans l'âme du pays la flamme de dévotion chez nous traditionnelle, mais qui veut être animée d'une plus belle ferveur dans les temps d'épreuve ? Il provoque les pèlerinages. Il développe les confréries. Il enserre toutes les paroisses dans ce réseau d'adorations locales dont l'ensemble finit par constituer l'adoration perpétuelle de l'Eucharistie dans le diocèse.

Ces œuvres sont chères au cœur d'un évêque, mes Frères, parce qu'elles visent l'âge mûr. L'enfance nous intéresse surtout comme préparation de l'âge mûr. Elle est plus faible. Elle demande plus de soin, mais elle est moins féconde en actes de vie et de mérite que l'âge mûr. Quand la plénitude de l'intelligence a pris possession de l'homme avec la plénitude de la volonté, il est dans la saison des fruits. Dieu a le droit de lui réclamer une ample récolte. C'est pourquoi nous nous indignons de voir tant d'hommes offrir à Jésus tout au plus une première et dernière communion, l'entrée et la sortie de la carrière humaine, et le négliger pendant la large période de l'été et de l'automne de la vie. C'est l'heure où tu aurais quelque mérite à donner tout à ton Dieu, et c'est l'heure où tu ne veux lui donner rien. On ne conçoit pas pareille insolence : tu te livres aux souverains du jour, tu cours à la mauvaise presse, tu cours à l'alcool, tu délaisses ta famille, tu finis par délaisser ton pays et achever de perdre au loin, dans une émigration trop souvent démoralisante, le peu d'âme vivante qui te reste. Rien à ton Dieu ! Comment voulez-vous, mes Frères, que le cœur de l'évêque, le cœur qui aime toutes les âmes, qui les prend toutes dans la sienne pour les porter à l'autel, et qui les sent parfois échapper au Sacré Cœur de Jésus, se résigne à l'apostasie de l'âge mûr ? Dieu vit dans l'enfant. Il faut qu'il ait une vie plus abondante encore dans l'âme du père et de la mère. D'où vient qu'elle s'enfuit ou qu'elle baisse ? Enseigne-t-on bien la vérité ? Rappelle-t-on assez les principes ? Et alors il instruit lui-même, avec un style souple et jeune, avec des pensées hautes, avec une doctrine sûre, avec un sens très pratique. Deux mandements sur l'enseignement et les principes fondamentaux de la religion. Un sur la prière, un sur le travail, un sur le dimanche, et des lettres pastorales sans nombre.

A-t-on assez de zèle dans les paroisses ? L'église est-elle suffisante et assez ornée ? Et pourtant le peuple n'y vient pas ! *Compelle intrare*. Appelez des missionnaires. — Il l'avait été lui-même. Ici encore, Monseigneur, vous avez pu réaliser un de ses premiers rêves : une élite de prédicateurs diocésains rayonnant de Sainte-Anne sur toute la région et rivalisant de zèle et d'éloquence avec les fils de saint Ignace et de saint François. Il gardait au cœur l'amour de cette vocation de jeunesse. Il aimait les foules, l'enthousiasme des chants populaires et des prières faites en commun par des milliers de pèlerins, à Notre-Dome de la Victoire, à Quelven, à Notre-Dame du Vœu, au Roncier, à Sainte-Anne. Pour nous mettre en contact plus intime avec Dieu par sa Mère, il nous entraînait à Lourdes devant cette Croix des Bretons où les Bretons entendirent leur langue nationale s'épancher en leçons harmonieuses et paternelles du cœur d'un Évêque qu'ils ont enfin reconquis et ramené en Bretagne avec une dignité plus haute. Il poussera un cri de joie, quand Léon XIII, dressant sur le genre humain tout entier sa tête de Pontife et de Docteur, nous ordonna de prendre en masse le milliard et demi d'êtres raisonnables qui peuplent la terre, et de les consacrer tous, croyants ou incroyants, au Cœur souverain de Jésus, pour qu'il les garde, ou qu'il les attire, ou qu'il achève de les conquérir et qu'il les sauve. — Un an s'écoule. Le jubilé séculaire de 1900 va commencer. La porte sainte fermée depuis 1825 s'ouvre sous le marteau d'or du Pape bientôt nonagénaire. De Rome le grand bienfait s'étend à toute la catholicité. L'Évêque alors nous exhorte. Il répand à son tour sur les paroisses les grâces jubilaires. Il pousse à la pénitence. Il décrète des prières. Et pour ouvrir dignement la nouvelle période historique en même temps que la source des faveurs spirituelles annoncées, dans la nuit qui marque la transition du XIXe au XXe siècle, il nous permet avec Léon XIII de célébrer la messe interséculaire et de garder nos fidèles en adoration jusqu'au matin devant l'hostie sainte qui veille jour et nuit dans nos tabernacles sur le peuple révolté aussi bien que sur le peuple aimant et soumis, pour affirmer au monde que l'Eucharistie est la divine maîtresse et la suprême ressource des âmes, — comme il devait l'affirmer d'une façon plus durable encore en perpétuant parmi nous, d'un bout à l'autre de l'année, l'adoration où nos paroisses se passent jour par jour l'encensoir d'amour et de prières en l'honneur de Jésus-Christ.

Mais parmi ses six cent mille diocésains, son apostolat, comme le nôtre, aurait voulu surtout atteindre les hommes.

Ce fut dans notre histoire un jour inoubliable, mes Frères. Le 20 Octobre 1901, ils furent convoqués à Sainte-Anne. « Vous serez seuls. Il n'y aura que des hommes. Vous serez sages. Il n'y aura pas d'alcool. » Nous comptions bien en voir huit ou dix mille. Quand la matinée s'ouvrit, et que les groupes commencèrent à paraître, à circuler, à se masser, et qu'à l'heure indiquée, sous l'appel du bourdon de la Basilique, la foule partagée en deux courants aux flots innombrables vint couvrir les deux esplanades réservées aux deux langues, ce fut un spectacle digne de « l'autre Bretagne, en un monde meilleur ». Nous avions vu des foules plus nombreuses, le couronnement en 1868 — et la journée du 8 Décembre en 1872, — et la consécration en 1877, — et des réunions populaires prodigieuses, — et l'immense concours de toute la famille diocésaine au jubilé épiscopal de Mgr Bécel en 1891. Et c'était beau, à faire pleurer, même si les Freppel, les Fournier et les d'Hulst n'avaient pas jeté sur la foule déjà ardente le feu pénétrant de leur parole. Mais rien n'égale ce que nous avons vu en 1901. L'âme méridionale de l'Évêque n'avait pas pu rêver pour son Dieu un pareil succès. Nous n'avions que des hommes. Et nous n'avions que des croyants. Et nous n'avions que des priants. Et ils étaient au moins 25,000. En vérité, il n'était pas besoin de leur parler. Leur présence, leurs regards, leur attitude, leurs chants étaient une prédication qu'aucun discours humain n'aurait pu égaler. Après les orateurs officiels l'Évêque n'eut qu'un mot à dire. Le peuple répondit en faisant à Notre Seigneur une ovation splendide, qui disait à Jésus-Christ devant sa grand'mère sainte Anne nos actes de foi et d'amour, et nos serments, qui, je l'espère, ont été tenus. Le défilé qui suivit emplit d'échos religieux l'enclos alors joyeux du séminaire. Groupés par paroisse, les hommes de Vannes, d'Elven, de Grand-Champ, les milliers de pèlerins de nos côtes bretonnes ou de terres françaises, les 900 paysans de Languidic, les 600 de Pluvigner, les 300 de Bignan, les centaines de Plœmeur, de Guidel et de Lorient, tous les vingt-cinq mille, par rangs de quatre ou cinq, avec croix et drapeaux, sans interruption et sans répit, mêlant les cantiques français aux chants bretons, s'écoulèrent comme un fleuve puissant et et calme durant deux heures entières, tandis que l'Évêque pleurant les bénissait, — et longtemps encore on entendit, jusque dans les trains ou les voitures qui les ramenaient à leur lointaine bourgade, l'accent viril et chaud de leur voix acclamant, le long de la route, sainte Anne et le bon Dieu.

VI. — On ne pourra pas dire que Dieu n'était pas vivant dans ces cœurs enflammés. Mais les plus belles flammes s'éteignent, si une main pieuse n'a pas soin de les entretenir. Dans le cours ordinaire de la vie paroissiale, qui donc aura son Dieu assez vivant en lui pour être capable de le faire vivre aussi puissamment dans ses frères ? Vous m'avez compris, Messieurs. L'Évêque a besoin du prêtre. Et le prêtre qu'il lui faut doit être d'ordre supérieur. C'est l'enseignement du Pape, après cinquante ans d'expérience sacerdotale. Et c'est pour les rendre plus parfaits que l'Évêque et le Pape doivent aimer leurs prêtres d'une affection plus profonde et plus active que celle dont ils entourent les plus belles âmes de leur diocèse et leur famille elle-même ; car leurs prêtres, sans être leur sang, sont comme eux, en vertu de l'ordination, l'autorité, le sang, la vie de Jésus-Christ, et, pour prêcher Jésus-Christ, pour le donner au monde, pour le servir aux âmes, pour le faire entrer dans les consciences, le prêtre est le grand ouvrier des Évêques, du Pape et de Dieu. Nous ne l'aimerons jamais assez.

Il nous aimait, Messieurs. Nous l'avons reçu dans nos presbytères. Nous avons été reçus chez lui, dans ce modeste évêché, où la mort eut pour lui plus d'égards que l'État pour son successeur. Vous vous souvenez. Il nous accueillait comme des frères plus que comme des enfants. Rien de dominateur. Il était encourageant. Il rendait la conversation facile. Il aimait à adoucir les peines, à entretenir les espérances, sa main était largement ouverte pour toucher la nôtre. Nous aurions cru être de sa famille.

Et en public il ne professait pas pour nous une estime moins affectueuse, soit qu'il eût à rendre hommage aux vétérans du clergé diocésain comme M. le vicaire général Régent, soit qu'il dût mêler ses larmes et ses prières aux nôtres sur la tombe prématurément ouverte de l'homme de conscience et d'énergie que fut le Supérieur du Petit Séminaire, M. le chanoine Le Guen. Et de quel cœur il eût fait écho, Monseigneur, au témoignage rendu par vous à M. Jégouzo, l'homme de tous les dévouements, dont la mémoire rassemblera ici demain tant d'amis fidèles et de prêtres reconnaissants ! Si enfin un prêtre de ce diocèse, devenu apôtre en Afrique, est promu tout jeune à l'épiscopat dans la plus dévorante de nos colonies, l'Évêque en profite pour envelopper d'une louange paternelle le clergé breton tout entier ; il nous aimait.

Mais, comme son affection pour nous était toute surnaturelle, il ne nous trouvait jamais assez parfaits. Et il avait raison, s'il est vrai que notre Dieu nous appelle à Lui ressembler, non point comme de pâles reflets mais comme de vivantes images de sa sainteté divine, ayant donc comme Lui la tête et le cœur dans le ciel, quoique notre ministère nous condamne à laisser traîner notre vie extérieure au milieu des faiblesses de l'humanité, voyant la vérité et la disant comme Lui, aimant le bien et le pratiquant comme Lui, comme Lui sacrifiés au salut des âmes, sans peur de la croix qui vient et de la mort qui suivra.

Cela demande une longue préparation. Les élus du sacerdoce doivent être formés de bonne heure. Il leur donnait dès l'enfance des maîtres pieux et savants. Il les suivait de plus près encore au séminaire, ouvrant à leur piété une chapelle pleine d'art et de recueillement, et veillant avec des directeurs expérimentés et fermes à écarter minutieusement de leurs âmes toute témérité de doctrine et de conduite.

Pour nous, Messieurs, il entendait surtout parfaire notre formation dans ces retraites pastorales qu'il voulait nombreuses, au risque de les avoir moins recueillies, parce qu'il croyait que le courant de la vie divine y circulait plus abondant quand le mouvement des prières et des méditations communes y était plus puissant par le nombre comme par l'ardeur communicative des âmes. Il lui semblait sentir alors plus sûrement la présence et l'opération de Dieu dans ses prêtres. Et après les avoir éclairés et émus sous la parole d'orateurs qu'il avait choisis pour leur sainteté, il ajoutait son mot avec une autorité toute paternelle pour mieux nous imprimer l'élan du retour au ministère et aux œuvres. « Allez maintenant. Faites des croyants. Armez les volontés. Illuminez les esprits. Il y a, dans l'air, du froid et de l'ombre. Faites circuler la lumière et la vie. C'est la joie de la sainte Église et la vocation du prêtre. »

Il aimait tant l'Église ! Il avait tant souffert de la voir mutilée par l'expulsion ou la sécularisation des religieux et des religieuses ! Son cœur suivait par étapes ceux qu'enlevait l'exil lointain. Chaque départ rendait la blessure plus douloureuse. Il en souffrait comme évêque et comme Français. Sans doute il voyait le bien qu'accompliraient au loin les exilés devenus missionnaires. Le vieux cœur qui avait sympathisé si chaudement avec Mgr Favier quand fit explosion la barbarie chinoise, et qui d'ailleurs si souvent avait sollicité votre charité, mes Frères, pour les missions du monde entier, se réjouissait dans sa tristesse de voir l'apostolat français prendre un essor plus fécond vers les terres hérétiques ou païennes par la force même des circonstances. Mais il pleurait sur la France privée de ses enfants les meilleurs, et il pleurait sur l'exil imposé à des Français sans reproche au nom d'une liberté menteuse. Il le disait en termes éloquents à toutes les congrégations atteintes. Le sort des Frères de Lamennais le navrait. Avoir abordé avec pleine chance de succès la cause de Béatification du Prêtre-Instituteur Breton, qui eut un génie presque égal à sa sainteté, et voir ses fils dispersés à l'heure même où la gloire du Père va s'épanouir ! Avoir tant fait pour ses communautés d'hommes et de femmes, et les voir jetées outre mer, ou restreintes dans leur action, ou en tout cas dépouillées de leurs biens et privées de leur liberté de se dévouer ! Il en était inconsolable.

Se retournant alors vers nous, il nous invitait à condenser en nos âmes les vertus et la science des absents,

en marchant plus hardiment vers l'idéal divin, pour mieux porter le fardeau que désormais nous supporterons presque seuls, et faire plus largement honneur à la plus haute des vocations.

VII. — Ce qui le consolait, c'était sa foi robuste dans l'avenir de l'Église et de la France. Il l'avait dit au Nonce du Pape, en 1901. Il le redira à son lit de mort, en exaltant la Croix, qui est la vie de l'Église et qui sera le salut de la France. *Stat Crux !*

L'optimisme est presque une vertu. Il permet souvent de mieux accepter les coups du sort. Mgr Latieule croyait encore un peu à la solution rapide de la crise brusquement ouverte. Il avait dans la France, dans son bon sens, dans sa foi antique, dans sa vertu foncière, cette confiance que nous ne perdrons jamais. Il savait l'extraordinaire souplesse de la race. Il suivait en bon citoyen les péripéties de son histoire intérieure et le progrès de ses alliances étrangères. Il prenait part à la joie de ses succès diplomatiques ou militaires. Il nous associait aussi à ses deuils publics : Félix Faure, la *Framée,* la Martinique. Il était convaincu qu'entre un pays si grand et si bon et une Église si maternelle et si sage, la réconciliation se ferait à la longue. Si les hommes d'État du parti maçonnique ne s'étaient pas mis en travers, ce serait fait depuis longtemps.

Le Pape, Pie X comme Léon XIII, eût été l'homme de cette réconciliation. Les Papes ont la vue claire des situations les plus complexes. Leur esprit s'illumine d'en haut. Nous autres nous ne voyons que d'en bas. Mgr Latieule avait le culte de la Papauté. Il a rendu magnifiquement justice à Léon XIII, et il aimait à saluer en Pie X celui qui reprendrait l'œuvre interrompue. Elle s'accomplira.

La séparation a été faite par le gouvernement comme un acte de guerre, sous prétexte de libérer les consciences. Nous sortirons plus tard de la crise, en face d'un État calme, avec notre indépendance sauvegardée. Mais laissez passer auparavant les orages, et faites crédit au pilote infaillible.

Mgr Latieule portait au même rang dans son cœur les deux grands Papes. Plein de regrets pour Léon XIII, il allait partir plein d'espoir pour voir Pie X. La Providence l'arrêta. Elle avait décidé qu'il irait tout de suite voir Léon XIII dans l'autre monde, et qu'il ne verrait pas Pie X sur cette terre.

La leçon de sa mort fut touchante comme celle de sa vie. Il eut jusqu'à la dernière minute le souci du bien du diocèse et de l'âme de ses frères. *Amator fratrum et populi.* Il offrit sa vie à Dieu pour nous.

Il arrive un moment dans la vie d'un évêque où il n'y a plus d'autre moyen de prouver son amour à son peuple. « Qu'est-ce que j'aurais pu faire pour toi que je n'ai pas fait ? Je t'ai donné ma prière, ma parole, mon esprit, mon cœur, mes forces. C'est fini ! je donne pour toi mon âme à mon Dieu. Et je te laisse ce pauvre corps brisé au service du Christ et des hommes. Tu lui accorderas dans la cathédrale qui me fut chère l'ombre pieuse d'une chapelle où tu viendras prier.

» Il y a là des ossements qui sont presque des reliques. Mets ma tombe parmi ces reliques. Au jour du jugement je serai mieux accompagné pour présenter mon troupeau au bon juge. On m'eût accueilli fraternellement à Rodez. Mais ici sont les âmes que j'ai aimées dans l'épreuve et que j'ai voulu sauver. Écris sur ma tombe : *Amator fratrum et populi* ; il a aimé ses frères du sacerdoce et le peuple de son diocèse. »

Mes Frères, le monument que vous lui avez élevé

montre que vous avez bien compris son cœur. Il vous rappellera que vos Évêques d'outre-tombe veillent encore sur vous. L'Évêque très vivant que le Pape en personne leur a donné pour successeur, poursuivra leur œuvre en vous animant de son zèle. Et celui qui, en apparence endormi sous cette pierre, ouvre en réalité ses yeux et son cœur dans l'autre monde sur le diocèse où il a fait le bien, l'aidera de sa prière à porter avec aisance et longtemps son fardeau écrasant, et à défendre au milieu de vous la cause de la liberté et de la justice, qui est la cause de Dieu et de l'Église.

Quimper, typ. DE KERANGAL, imprimeur de l'Évêché.

www.ingramcontent.com/pod-product-compliance
Lightning Source LLC
LaVergne TN
LVHW010312230826
846091LV00007B/3122

9782019982157